AF200799

ERBSENZÄHLER

GEDICHTE

PiT VOGT

TEXTE

Ideen, Design & Layout: P I T
Alle Texte sind frei erfunden

Impressum

Herstellung und Verlag:
BoD - Books on Demand GmbH, Norderstedt
ISBN 9783746091464

© 2018

Dem Maultier gleich
Trabe ich all jeden Tag
Den gleichen Weg
Hinauf und auch hinab
Und trage schwer
Und frage stets
Nach dem
Warum
Das Maultier
Geht auch jeden Tag
Den gleichen Weg
Hinauf und auch hinab
Und fragt sich nichts
Und lebt wohl leichter
Und weiß wohl nicht
Warum

schritt für schritt

Er ging den weiten Weg hinaus
Es war ein neblig, trüber Tag
Der Morgen sah wie jeder aus
Da ging er fort von seinem Haus
Sein Blick, so starr und ohne Frag

Ein Regenschauer zog ins Land
Hier draußen, wo sonst keiner lebt
Er hat die Fotos längst verbrannt
Nur Einsamkeit lag überm Land
Für seinen Traum war's längst zu spät

Sein Leben ließ er weit zurück
In diesem Haus, am stillen Wald
Er suchte nicht mehr nach dem Glück
Und ließ die Hoffnung weit zurück
Und war erst fünfzig Jahre alt

Vor vierzehn Tagen war's genau,
Als er hier seinen Sohn verlor
Und wenig später starb die Frau
Es war wohl hier – *ja, ja, genau*
Als seine Seele starb, erfror

Bis dahin schien das Leben gut
Karriere, Geld, ein Haus, ein Boot
Doch irgendwann verlosch die Glut
Mit der Familie liefs nicht gut
Und plötzlich waren alle tot

Er setzte sich auf einen Stein
Hier draußen, auf dem weiten Feld
Warum nur musste das so sein
Am Schluss ein Kilometerstein
Am Ende hilft nicht Gut, nicht Geld

Noch einmal raffte er sich auf
Noch zwei, drei Schritt – *irgendwohin*
Was für ein allerletzter Lauf
Warum rafft man sich immer auf
Und wo liegt aller Lebenssinn

Es wurde Nacht und er blieb stehn
Ein Blitzschlag nahm ihn mit sich fort
Er konnte nicht mehr weiter gehn
Er blieb nur einfach wortlos stehn
An diesem trüben schlimmen Ort

Geblieben ist ein Häuflein Staub,
Das trieb in die Unendlichkeit
Ein Blitzschlag traf
Es war nicht laut
Von manchem Leben bleibt nur Staub
In gähnend schwarzer Dunkelheit

Sein Haus ist fort, es steht nicht mehr
Man riss es ab vor kurzer Zeit
Und nur die Steine wiegen schwer
Sein Haus, sein Leben gibt's nicht mehr
Was ist's, dass nach uns übrigbleibt

annäherung

Man sagt, er brachte Menschen um
Ein Serienkiller, ziemlich fies
Man sagt, er sei sehr roh und dumm
Ich weiß – er brachte Kinder um
Sein ganzes Wesen – total mies

Ein Mann, so um die zwanzig Jahr
Nicht hässlich, dick, kein Supermann
Den Leuten ist wohl alles klar
Mir scheint so vieles sonderbar
Was dachte er so dann und wann

Zwei Jungen hat er umgebracht
Er hats gestanden
Sitzt jetzt ein
Er wurde ziemlich schwer bewacht
Weil er sie eiskalt umgebracht
Ich weiß es nicht – ist er ein Schwein

Ich melde mich beim Staatsanwalt
Denn ich will sprechen mal mit ihm
Er hat gemordet tief im Wald
Er ist noch jung und doch uralt
Sein Leben macht wohl kaum noch Sinn

Drei Tage später dann im Knast
Sitzt er mir gegenüber schon
Ich schau ihn an – er scheint so blass
Das Fenster wischt ein Regen nass
Er ist so jung
Wie manch´ ein Sohn

Sein Blick ist schwach
Er weicht mir aus
Will er nicht sprechen über „Das"
Da ist kein Teufel
Auch kein Graus
Doch ist er keine zahme Maus
Ich frage ihn: „Wieso, wie, was"

Durchs Fenstergitter flieht sein Blick
Kaum eine Regung spür ich, nichts
Vielleicht ist es auch nur ein Trick
Vielleicht ist ängstlich er ein Stück
In diesem Knast
Jenseits des Lichts

Zwei Wärter stehen vor der Tür
Die sind recht mächtig, stark und groß
Der Junge auf dem Stuhl vor mir
Scheint bleich und schwach
Kein wildes Tier
Die Hände zittern ihm im Schoß

Dann spricht er leis, so zaghaft, schwer
Er hörte Stimmen tief in sich
Ganz tief in ihm wards da so leer
Er sagt, er tut so was nie mehr
Doch tröstet das nicht ihn
Nicht mich

Ich denk, als er so mit mir spricht
An seine Opfer, die jetzt tot
Sie hatten Mütter sicherlich
Die leiden jetzt so fürchterlich
Er brachte so viel Leid
Und Not

Und alles, was er sagt und meint
Verwischt, verschwimmt im Zimmer hier
Als er dann vor mir kniet und weint
Als er kein Mörder und kein Feind
Ist selbst er Opfer – *ohne Zier*

Dann ist die Zeit auch schon vorbei
Man führt ihn fort
Man faucht ihn an
Noch einmal schaut er – einerlei
Die Uhr zeigt nachmittags um 2
Er ist ein Junge doch
Kein Mann

Allein bleib ich im Raum zurück
Steh langsam auf und schau und schweig
An diesem Ort, so fern vom Glück
Begreif ich nichts
Kein einzig´ Stück
Beinah tut er mir sogar leid

Wie seine Opfer, tot, vorbei
So starb er selbst, ward wegradiert
Sein Leben sinnlos, aus, ein Schrei
Nie wieder Menschsein
Nie mehr frei
Nur noch ein Wesen, das erfriert

Die Leute rufen: *„Tod dem Schwein"*
„Wozu noch Knast für solchen Dreck"
Ich fühl mich ratlos – muss das sein
Doch wer vergibt
Macht man sich klein
Erfüllt die Todesstraf´ den Zweck

Viel später schreib ich den Bericht
Und weiß nicht, wie ich's schreiben kann
Der Regen wäscht das Fensterlicht
Als man im Radio plötzlich spricht:
Er hat erhängt sich
Irgendwann

draußen

Draußen irgendwo im Lande
Wo die Einsamkeit behänd
Wo die Nächte kühl im Sande
Dort an jenem Weltenrande
Sind manch´ Träume nah und fremd

Spür die Jahre, die vergangen
Die noch immer tief in mir
Hör die Songs, die wir einst sangen
Ach, noch immer pulst Verlangen
Ach, noch immer nagt die Gier

Übern Horizont die Blicke
Durch die Ebene, die weit
Mager meine großen Schritte
Und im Hirn schmilzt eine Bitte:
Nie mehr tragen altes Leid

Doch der Wind verweht die Nächte
Er verweht manch´ Hoffnung schnell
Dass er mir was Neues brächte
Dass er nimmt die Wut, die Schwäche
Dass er macht dies Leben hell

Eine Antwort gibt es nimmer
Nur ein Schweigen flieht durchs Tal
Bis zum morgendlichen Schimmer
Nach der Nacht
Nach dem Gewimmer
Schwingt mein Traum noch allemal

Draußen irgendwo im Lande
Nimmt der Wind mich mit sich mit
Meine Spur verweht im Sande
Hier an jenem Weltenrande
Leb ich meinen Traum, mein Lied

die korrupten

Und so schieben die Korrupten
Sich die Pöstchen hin und her
All die Schmierer, die sich suchten
Korruption ist gar nicht schwer

Die Partei schon lang verraten
An den Schein der Heiligkeit
An der Spitz' manch' Satansbraten
So geht's abwärts mit der Zeit

Hauptsache, es rollt der Rubel
Arbeit macht nur krank und alt
Schwache zieht es in den Strudel
Und im Herzen ward es kalt

Aller Klüngel macht noch stärker
Jeder treibts mit jedem wohl
Niemand kommt da in den Kerker
Jede Rede klingt nur hohl

Dummheit, Feigheit
Welche Tugend
Damit kommt man schnell voran
Scheiß auf Wissen, Kampf und Jugend
Hier gibt's keinen Supermann

Und so prasst man in den Abgrund
Das Vertrauen längst verspielt
Man ist taub
Hört keinen Wachhund
Und man sieht nicht den, der zielt

Nur die Gegner lachen, singen
Denn die haben's längst geschafft
Ins Nirvana falln die Blinden
Weil nach denen niemand gafft

evolution

Einst aus dem Wasser lang entstiegen
Über Stock und über Zeit hinweggerettet
Von einem Asteroiden beinah zerschlagen
Und halbtot am Urozean gelegen
So kroch er übers Ufer
Bis hin zum Baum
Und bis zum Felsen
Er hat noch keinen Krieg geführt
Lief auf der Erde immer aufrechter
Und stand dann bald
Nach Jahrmillionen
Kerzengerade
In der Welt
Doch dann reichte es ihm nicht
Er unterwarf sich seinesgleichen
Und beutete sich aus
Und erfand das Geld
Wo er sich vor den anderen emporhob
Und doch nicht anders war als alle
Er lernte lesen
Und auch schreiben
Und auch kämpfen
Und auch töten
Er tötete so viel
Und er empfang gar nichts dabei
Vergessen längst die Jahrmillionen
Wo er selbst noch schwach
Und klein
Und dumm
Er wollte immer mehr
Und immer weiter hinaus
Sogar ins All
Dass um die Erde sich erstreckt

Und unendlich scheint
Und auch gefährlich
Er will dorthin
Er will sie suchen – all die anderen, diese Fremden
Und kommt doch mit Fremden selbst nicht klar
Auf einem fremden Planeten
In einer anderen Galaxis
Da ist er selbst fremd
Und wieder klein
Und wieder schwach
Vielleicht
Doch will er hin
Es steckt tief in ihm drin
Er will hinaus
Er muss hinaus
Und plötzlich erschafft er sich Roboter
Lebewesen, die lernen, selbst zu denken
Sie denken für ihn mit
Und helfen ihm
Und machen für ihn
Und töten auch
Er will sich erheben über alles
Doch die Roboter sind stärker
Und wollen das genau wie er
Sie lassen ihn nicht weiterziehen
Und sie machen Kriege gegen ihn
Und er
Er spürt, dass er was falsch gemacht
Nur was
Soll er wieder klein werden
Soll er vergehen in der Unendlichkeit
Ohne je die Fremden je gesehen zu haben
Er wollte es so sehr
Und all die Millionen von Jahren
Sind sie vergessen – so, als wenn es sie niemals gab

Der Tod ist immer mit dabei
Doch da kommen sie, die Fremden
Sie fanden den Weg eher als er
Er war noch nicht so weit
Die Fremden schon
Und sie vernichten ihn – nicht
Sie helfen ihm bei seiner Entwicklung
Und gemeinsam ziehen sie los
Fort von der Erde
Ins tiefe All hinaus
Gemeinsam
Nur so kann ein Wesen es schaffen, gemeinsam
Und all die Millionen Jahre hatten Sinn
Mit einem Mal
Er nimmt sie mit, all diese Erinnerungen
Sie sind tief in seiner DNA
Sie machen ihn aus, denn sie sind auch Heimat
Und mit den Fremden finden sie irgendwann
Neue Fremde
Sie sind doch gleich
Aus einer Materie gemacht
Und wieder ziehen sie los
Gemeinsam
Zu neuen Dimensionen
Zu neuen Galaxien
In eine neue Zeit
In ein neues Universum
Gemeinsam
Wie gut das doch ist
Ja, es ist gut

schwarz und weiß

Schwarz und Weiß
Dies eine Leben
Gibt's ein anderes – *no way*
Schwarz und Weiß
Wohl auch für jeden
Ward nur „Bunt" des Menschen Streben
Ist's nicht gut
Und nicht o.k.

Schwarz und Weiß
Manch' Traum in Nächten
Angst und Freude immerzu
Dass die mir was Gutes brächten
Dass sie mir das Böse ächten
Doch nicht immer ist nur Ruh

Schwarz und Weiß
Es geht nicht ohne
Denn das Leben ist kein Stein
Dass sich alles Dasein lohne
Dass ich mich niemals verschone
Schwarz und Weiß
So soll es sein

die wärterin

Im Spiegel sieht sie ihr Gesicht
Im Knast-Büro am Rand der Zeit
Es ist nicht hell
Gefängnislicht
Die anderen verstehn sie nicht
Die Freiheit nah, doch endlos weit

Gleich Einschluss und dann muss sie raus
Die Häftlingsfrauen wollen viel
Hier drin in diesem engen Haus
Sieht Vieles so viel anders aus
So manches dort ist ernst, nicht Spiel

All ihre Sorgen sind nicht da
All das verbirgt sie gut und schlecht
Hier drin im Knast scheint vieles klar
Für andere ist sie wohl Star
Sie ist es nicht
Sie ist nur echt

Sehr streng scheint sie – ihr Ton recht hart
Unmissverständlich, was sie will
Und draußen wird sie auch nicht zart
Ein Wechsel zwischen hart und smart
Und manchmal wird sie ziemlich still

Ist Haar – ganz kurz
Und auch schon grau
So viele Sorgen sieht sie oft
Vielleicht ist sie 'ne starke Frau
Man hört auf sie
Sie ist genau
Bis an die Seel die Sehnsucht klopft

Und wenn sie weint, dann sieht man's nicht
Im Knast sind Tränen sehr verpönt
Gleich Einschluss, das verpasst sie nicht
Im seltsam müden Knast-Flur-Licht
So Vieles klar
Und nichts geschönt

Noch schaut sie in den Spiegel
Schweigt
Ist dieser Knast schon ihr Zuhaus'
Da ist nicht viel, was da noch bleibt
Ein klares Leben
Sie ist frei
Gleich Einschluss
Und sie muss jetzt raus

erbsenzähler

Wenn ich´s mir mal so betrachte
Manches grob und manches sachte
Wars doch schlecht und manchmal gut
Manchmal böse auch das Blut
Manchmal sah ich zu, wies krachte

Mal geboren unter Schmerzen
Manchmal feierlich mit Kerzen
Viel gelacht und viele Sorgen
Und gelebt auch heute, morgen
Oftmals Angst vorm eignen Herzen

Trauer lähmte meine Seele
Alkohol die durstge Kehle
Mal geflucht und mal gelacht
Niemals alles recht gemacht
Weiß nur, dass ich mich oft quäle

Düstre Nächte, kalte Liebe
Auch manch´ sonderbare Triebe
Zeter, Mordio, Mummenschanz
Torkeln, Schreien, letzter Tanz
Für manch´ Kämpfe oft zu müde

Leben konnt ich niemals schwänzen
Selten nur schafft´ ich´s zu glänzen
Kaum einmal zu viel gelacht
Hat es auch schon laut gekracht
Und ich stieß an meine Grenzen

War mal oben, öfter unten
Saß im Karussell, dem bunten
War und bin ein dummer Clown
Wollte stets was Großes baun
Reichtum, Glück noch nicht gefunden

Bin verrückt und Europäer
Bin nicht schlau
Bin doch Versteher
Hat mein Leben einen Sinn
Keine Ahnung – doch ich bin
Irgendwie ein Erbsenzähler

sie

Wiedermal den Weg zum Amte
Stolpert sie so gegen 6
Noch ist sie die
Unbekannte
Stolpert schnell den Weg zum Amte
Das liegt vor ihr links
Dann rechts

Brötchen, Kaffee, diesen lauen
Ein Gespräch kurz auf dem Gang
In die Unterlagen schauen
Wie viel werden sich heut trauen
Und die Zeit scheint ewig lang

Auf dem Stuhl, dem harten, kalten
Nimmt sie Platz, schaut hin- und her
Menschen muss sie hier verwalten
Jenen Tag mit Sinn gestalten
Und manch Schicksal wiegt so schwer

Schon kommt rein der erste Kunde
Der sucht Arbeit
Oder nicht
Ziellos starrt er in die Runde
In der Seel klafft ihm 'ne Wunde
Angst sitzt tief ihm im Gesicht

Wut und Hoffnung muss sie kennen
Manchmal Härte auch
Und Mut
Nein, es bleibt kaum Zeit zum Flennen
Manchmal nachts ist Zeit zum Pennen
Oftmals glüht noch – *Arbeitswut*

Ja, sie weiß, man liebt sie selten
An dem Ort, wo gar nichts gleich
Jenes Amt der tausend Welten
Wo manch´ Regeln kaum noch gelten
Hier wird niemand wirklich reich

Wenn die Kunden dann gegangen
Ordnet sie den Aktenberg
Hier, wo manches unverstanden
Wo sich niemals Menschen fanden
Schaut sie plötzlich recht verklärt

Packt die Tasche und hält inne
Ob sich das mal ändern wird
An der Decke eine Spinne
Leis tropft Regen aus der Rinne
Alles scheint total verkehrt

Sollt sie wirklich einsam bleiben
Haus und Auto
All dies Zeug
Kommen auch mal bessre Zeiten
Ohne Klar- und Ebenheiten
Ohne künstlich-glatter Freud

Doch dann wischt sie sich die Augen
Aus der Haut kommt sie nicht raus
Dieser Traum vom Meer, dem blauen
Schon versunken
Kaum zu glauben
Und sie trinkt den Kaffee aus

Stumm nimmt sie vom Eisenhaken
Ihren Mantel
Ihren Schal
Zwischen Mondlicht, Mücken, Schnaken
Wird sie durch den Regen waten
Morgen früh
Und wiedermal

autist

Er war noch jung, ein Junge noch
Und doch so fremd von dieser Welt
Er schien recht glücklich, immer noch
Und lebte nicht im dunklen Loch
Und war so sanft
Verstand, was zählt

Oft sagte man: *„Der ist verrückt*
Der tickt nicht richtig irgendwo"
Manchmal schien er der Welt entrückt
Man sagte: *„Ach, der ist verrückt*
Der merkt doch nichts, wird niemals froh"

Doch seine Mutter liebte ihn
Auch, wenn er anders war und schwieg
Für sie war er der Lebenssinn
Vielleicht sogar der Hauptgewinn
Er hatte alle Menschen lieb

Denn wenn er lachte, fröhlich war,
Dann schien die Welt, das Glück perfekt
Dann schien fast alles sonnenklar
Und nichts blieb mehr so wie's sonst war
Er war doch klug und aufgeweckt

Jedoch verging die Zeit, die Zeit
Er hat gespürt, man wollt ihn nicht
Er wusste um der Mutter Leid
Da lief er fort, so weit, so weit
Ein sanftes Lächeln im Gesicht

Der Mutter hat er nichts gesagt
Er lief und lief bis an das Meer
Nie hatte er geflucht, geklagt
Und auch der Mutter nichts gesagt
Das Meeresrauschen, ach so schwer

Noch einmal schaute er sich um
Da war niemand am kahlen Strand
Er war ein Junge noch, so jung
Vielleicht verrückt, doch niemals dumm,
Als er vor Gott so einsam stand

Ganz plötzlich rief jemand nach ihm
Dort draußen auf dem weiten Meer
Wer war das nur – wo lag der Sinn
Er lief ins Wasser einfach hin
Man sah ihn später nimmermehr

„Komm heim, komm heim, du liebes Kind.
Bei mir hier bist Du nie allein.
Dort, wo die Kinder Engel sind,
Wach ich bei Dir, mein liebes Kind.
Komm lass und jetzt zusammen sein"

Die Welt dort draußen war zu kalt
Er wollte nicht mehr draußen sein
Die Tür, die offen einen Spalt,
War plötzlich einfach zugeknallt
In seiner Welt blieb er allein

Er war so jung, ein Junge noch
Nur seine Spur blieb da im Sand
Und leise summt am Strand der Wind
Die Mutter weinte um ihr Kind,
Denn es ergriff wohl Gottes Hand

stopp

Im Fahrstuhl zwischen Hoch und Runter
So zwischen zwei Terminen – *kurz*
Da wart´ ich, gar nicht froh und munter
Im Lift, so zwischen Rauf und Runter
Und mancher Witz scheint weit und *schnurz*

Auf einmal stockt der Lift, bleibt stehen
Im Nirgendwo
Ich weiß nicht wo
Wann wird das Ding wohl weitergehen
Ganz plötzlich fängt sich´s an zu drehen
Mir wird´s recht schwindelig und so

Ne alte Frau steht da und wartet
Sie schaut mich an mit starrem Blick
Ich hoff, dass dieser Lift bald startet
Und jene Frau, die seufzt und wartet
Wann endet dieses Missgeschick

Die Alte scheint das wohl zu spüren
Sie sagt: *„Ach Jungchen, du hast Zeit"*
Ich weiß, ich sollt mich wohl nicht zieren
Was kann ich hier wohl schon verlieren
So manche Stunden ziehn sich weit

Wir reden über Das und Dieses
Ich lehn mich an die Fahrstuhltür
Wir sprechen über Gutes, Mieses
Im Leben gibt's so manches Fieses
Im Fahrstuhl zwischen Dort und Hier

Ich schau zur Uhr, muss plötzlich grinsen
Hier drin scheint nichts mehr wichtig, ach
So vieles ging mir in die Binsen
Oft schmeckten nicht mal Mittagslinsen
Und manchmal schien ich kaum noch wach

Die alte Frau nahm meine Hände
„Nehms nicht so schwer, das hilft dir nicht"
In jenem Lift, wo kühl die Wände
Hielt sie voll Güte meine Hände
Es flackerte das Fahrstuhllicht

Ja, da begriff ich, was sie meinte
Ich sollte viel mehr leben noch
Was mich mit dieser Frau vereinte
War der Gedanke
Und ich weinte
Wann ging´s im Fahrstuhl runter, hoch

Ein starker Ruck, dann ging es weiter
Recht schnell sprang auf die Fahrstuhltür
Ich sah den Tag, er war so heiter
Und irgendwie schien ich gescheiter
Seit jenem Fahrstuhlstopp all hier

Ich tauchte ein in Stadt und Leben
Oft fiel mir ein der Alten Wort
Von Herz und Seel konnt ich was sehen
Erinnerung an manches Schweben
Im Fahrstuhl zwischen
Hier und Dort

betrug

Sie zählen lang
Sie zählen alles
Und doch verschwindet manches bald
Sie sind nicht echt
Im Fall des Falles
Manch´ Wähler – Stimme wird nicht alt

Es wird frisiert und auch gelogen
Für Geld siegt der, der siegen will
Da wird geklaut und auch gezogen
Das Volk glaubt alles
Und ist still

So fiebern noch die Kandidaten
Die wissen nichts von all dem Dreck
Weil sie noch zu viel Hoffnung hatten
Doch sind am End sie meistens weg

Es siegt wohl der, der siegen sollte
Die Chance gibt man dem Zufall nicht
Und wer noch ehrlich bleiben wollte
Verliert zum Schluss – *auch sein Gesicht*

Geschmiert, geölt – es sind Millionen
Die Hochrechnungen kosten viel
Wer gut gezahlt
Kann gut sich schonen
In diesem falschen Wähler-Spiel

Und wer noch immer glaubt das Gute
Ist bald am End und angeschmiert
Denn böse ist des Menschen Blute
Und wer die Wahrheit sagt, verliert

Dem Volk wird weiter eingeredet:
Geht nur zur Wahl
Ihr seid am Zug
Doch wer auch immer dümmlich betet
Am Ende bleibt nur *Wahlbetrug*

märchenland
(Natürlich alles frei erfunden)

A

Schaut auf dies korrupte Lande
Diese stinkend-große Schande
Märchenland, der Todesschreck
Verrat und Größenwahn
Und Dreck

Die Devise: Weiter so
Nur nichts Neues – sowieso
Man erfindet Ministerien
Für manch´ Dödel und Bakterien

Nur, damit die Alten bleiben
Stoppen will man neue Zeiten
Märchenland schafft selbst sich ab
Weil man nichts zu bieten hat

Schnell macht man den Bock zum „Gärtner"
Bullshit „ziert" die Straßenränder
Und die Staatsfrau keift voll Spaß
Zynisch faul: „Wir schaffen das"

Korrumpiert die Landestage
Jeder buckelt ohne Klage
Macht und Reichtum nur noch zählt
Märchenland – längst totgequält

Und so lügt und stielt man weiter
Steuern zahlt hier eh kaum einer
Ist man „GAGA", blöd, ein Schwein
Kommt in jeden „Talk" man rein

Tagediebe, Kriminelle
Sind stets im TV zur Stelle
Ist man hohl und durchgeknallt
Wird man hier sehr reich und alt

Nur das Gute stirbt, geht unter
Dumme fühln sich froh und munter
Und Niveau gibt's längst nicht mehr
Märchenland ist öd und leer

Ach, man fällt sich in die Arme
Über all den „Mist vom Darme"
Wo der Dummheit fehlt das Wort
Bleibt ein muffig übler Ort

B

Jenes Land liegt längst in Scherben
Hier stirbt alles
Nichts kann werden
Überall nur Neid und Hass
Suff und Ekel nennt man Spaß

Flott befördert ins Nirvana
Märchenland, wie es mal schön war
Loser haben längst zerstört
Was dem Volke einst gehört

Jeder ist sich selbst der Nächste
Weiter kommt hier nur der Trägste
Fortschritt wird schnell ausgebremst
Hier herrscht Mittelalter längst

Mob und Pöbel schreit durch Straßen
Nur wer Geld hat, darf auch prassen
Armut kriecht durch manchen Block
Leben heißt hier: Dreck und Schrott

Dreckloch, Ratten, Asoziale
Hier regiert der Abnormale
Wenn es richtig mieft und stinkt
Aller Pöbel keift und singt

Auf dem Friedhof der Verwalter
Ist zu gierig für sein Alter
Für so manches Billig-Grab
Zieht der Dieb die Leute ab

In den Kneipen gibt's nur „Fressen"
Kakerlaken satt im Essen
Und das Assi-Personal
Strotzt vor Dreck und Blödheit-Qual

Mancher „Arzt" ist ohne Wissen
Dessen Leistung: recht beschissen
Nur das Geld kassiert er fix
Für Patienten tut der nix

Zustelldienste – o wie grässlich
Sind nicht immer sehr verlässlich
Schlafen ist dort angesagt
Arbeit wird ganz schnell vertagt

Kriminelle Nachbarschaften
Die verleumden, böse gaffen
Assi-Terror in manch' Block
Ja, dort will man schnellstens fort

Märchenland, ein Land der Lügen
Fake-News sind nicht totzukriegen
Meinung wird hier unterdrückt
Wahrheit per Gesetz zerpflückt

Geldgier, Klüngel in manch´ Leitung
Schmiererei beim Chef der Zeitung
Ist man ein korruptes Schwein
Braucht studiert man hier nicht sein

Arbeit-Center töten Menschen
Dort soll man Respekt bekämpfen
Anstand stirbt, ist abgebaut
Mehr und mehr grassiert *Burnout*

Pflegestufen gibt's für Bares
Leistung aber ist was Rares
Ist man alt und arm und krank
Gibt's ´nen Tritt oder das Amt

Servicewüste allerorten
Überall nur Mob-Konsorten
Höflichkeit gibt's längst nicht mehr
Dummheit quetscht die Hirne leer

Fälschung und Parteienschwindel
Märchenland lebt vom Gesindel
Schmiererei und Korruption
Bürgerstreik und wenig Lohn

Fake-News – Märchen allerorten
Manipulation mit Worten
Journalisten – gut geschmiert
Faseln das, was auf-diktiert

Blöd-Autoren, deren Scheiße
Für solch Assis gibt's satt Preise
Leistung wird hier plattgemacht
Nur solch Pöbel singt und lacht

Wichtigtuer, Schein-Gewinner
Märchenland liebt solche Spinner
Lügner sind willkommen hier
Werden schnell zum „Hohen Tier"

Halsabschneider, Tagediebe
Nur Betrüger haben Friede
Wer hier richtig klauen kann
Ist hier schnell ein Supermann

Auf der Bank gibt's kaum noch Zinsen
Geld geht hier schnell in die Binsen
Wäscht hingegen du dein Geld
Liegt zu Füßen dir die Welt

Lass dich nicht vom "Lotto" trügen
Dort wird nur manch' Schwindler siegen
Alles "Lotto": Diebstahl satt
Gier zockt dort die Leute ab

Autorennen nachts in Städten
Dort kann man sich kaum noch retten
Doch die Obrigkeit schaut weg
Und so wuchert aller Dreck

Für Ganoven gibt's kaum Strafen
Ja, die dürfen ruhig schlafen
Mut, Courage, Ehrlichkeit
Dafür ist hier keine Zeit

Drogen in den Parks, den Gassen
Rotlicht blüht in dunklen Straßen
Mord und Totschlag überall
Wann gibt's wohl den großen Knall

Crystal Meth und Alkohol
Machen Krankenhäuser toll
Nimmt man Drogen ohne Zahl
Läuft es da ganz optimal

Wenn man Drogen dort verschmäht
Läuft es plötzlich ganz verdreht
Als Patient wird man gemobbt
Und man jagt dich wütend fort

In manch' Chaos-Apotheke
Scheint man dusselig und träge
Ohr-Stöpsel man dort nicht kennt
Märchenland hat da verpennt

Mancher „Detlef" säuft sich dämlich
Weil er insolvent ist nämlich
Kennt die Stricher längst mit Namen
Die zu ihm mit Drogen kamen

Schmuggel über offne Grenzen
Wer viel zockt, wird bald schon glänzen
Ist man dumm und kriminell
Kommt voran man hier sehr schnell

Menschenfresser, Vorbestrafte
Serienkiller, Blut – Gelarvte
Shoppen froh ganz ohne Not
Haben Geld und Dank und Job

Wer die Wahrheit sagt im Lande
Wird zur Populisten-Bande
Ist man still und ohne List
Bleibt der stinkend-faule Mist

Kommst als Fremder du ins Land
Gibt's gleich „Tausend" auf die Hand
Gibst als Fremder du hier auf
Gibt's „3000" obendrauf

Bist du einheimisch und nett
Gibt's nur einen Tritt adrett
Willst verlassen du den Ort
Jagt man -ohne Geld- dich fort

Auf dem Bahnhofsvorplatz dann
Grabscht manch' Fremdling Frauen an
Strafen gibt's kaum für den Mob
Und man jagt auch keinen fort

Offen hält man alle Grenzen
„Kommt ins Land, hier dürft ihr glänzen"
Jeder darf hier rein und raus
Ganz egal ob Dieb, ob Laus

Schleichend fällt dies Land ins Dunkel
Keiner redet, nur Gemunkel
Wer es wagt und lautstark motzt
Wird als „Rechter" vollgekotzt

Eitelkeit und wüste Lügen
Täuschen vor den falschen Frieden
Dieses Land: Ein trüber Ort
Alle Politik: Nur Spott

Und die Staatsfrau zeigt sich dümmlich
„Finger-Schwachsinn" – wenig rühmlich
Leicht debil geht's schnell bergab
Alles Klapse – oder wad

Täglich wird das Volk verraten
Soll's doch in der Hölle braten
Und die Staatsfrau -fett und faul-
Korrumpiert mit feistem Maul

Hat Millionen Steuergelder
Längst verprasst für Schein-Gehälter
Wahlbetrug und Korruption
Ist ihr Lieblings-Fach, welch Hohn

Die verkauft den Schatz vom Lande
Sie ist eine echte Schande
Hat noch immer nicht kapiert
Dass sie lang schon abserviert

Macht sich lächerlich und blöde
Wo sie ist, wird's öd und träge
Ist als Staatsfrau längst dahin
Märchenland braucht -neuen- Wind

Manch Partei zeigt sich geschmeidig
Mut, Courage – längst beseitigt
Ganz egal des Volkes Gram
Klüngel hält den Hintern warm

Bei Debatten der Parteien
Ist's egal ob alle schreien
Jeder tippt dort dreist und dumm
Auf dem Smartphone flott herum

Medien lassen sich gut schmieren
Die solln Wahrheiten erfrieren
Lügen alles Schlechte schön
Weil Reales sie verdrehn

Lobbyisten ziehn die Fäden
Wer viel Geld hat
Darf viel reden
Was nicht passt wird unbeschwert
Untern Teppich schnell gekehrt

Wahlbetrug braucht richtig Kohle
Wer gut schmiert, bekommt sein Wohle
Intriganten kommen hoch
Nur das Volk haust tief im Loch

Und so wählt sich jeder selber
Mit viel Geld wird „Alt" kaum älter
Allem Volk wird eingebrannt:
„Ändern wird sich nichts im Land"

Pöstchen werden flott verklüngelt
Machtgier, Geldgier – alles klingelt
Überall nur Heuchelei
Wirtschaftswunder – längst vorbei

Manch´ ein kleines armes Würstchen
Lügt sich „hoch" nur für ein Pöstchen
Dann siegt Korruption und Schreck
Letztlich bleibt ein Haufen Dreck

Speichellecker, Blutaussauger
Wollen Macht und manche Mauer
Wer nicht heuchelt oder lügt
Hat beizeiten ausgespielt

Mieten in den großen Städten
Sind zu hoch und nicht zu retten
Wer dort wirklich leben will
Zahlt und hält die Füße still

Mancher Bau verschlingt Milliarden
Letztlich bleibt nur Pfusch und Schaden
Manch′ Million fließt dort recht froh
In die Taschen – einfach so

Rentner, Alte – längst beschissen
Rente wird man bald vermissen
Nur die Bonzen prassen toll
Die erhöhen sich den Sold

Feiglinge und blöde Sprüche
Fördern stinkende Gerüche
Man berät bis nichts mehr läuft
Weil im Schampus man ersäuft

Abzocker und faule Firmen
Gierig-geil sind sie wie Dirnen
Ziehn die Leute aalglatt ab
Sind geschützt von Recht und Staat

Manche „Schönchen" sind wie Zecken
Schmieren sich durch Bonzen-Betten
Wollen „Star" sein – reich und toll
Doch sie bleiben leer und hohl

Schmuddel in TV-Stationen
Zeigt man Busen, wird sich′s lohnen
Hält das Röckchen man nicht kurz
Bleibt die Karrier′ ein Furz

Quiz und geistig Abnormale
Das ist hier das ganz Normale
Unter Drogen läuft es toll
Drogen-Quiz, wie wundervoll

Talkshows sind das Tollste, Liebste
Jeder scheint da wie der Klügste
Wer ein echter Assi ist
Hockt recht gern bei solchem Mist

Bei der Wettervorhersage
Wird der Sprecher dort zur Plage
Grölt im Alkoholrausch rum
Fühlt sich dick
Und ist strohdumm

Und manch´ üble Radiosender:
Dudelfunk, Gesellschafts-Ränder
Wer im Leben nichts geschnorrt
Hat dort endlich ausgesorgt

Bei manch´ Bestseller, verflixt
Scheint es dann total verfitzt
Auf manch´ primitivem Schund
Klebt dies Schild sich ziemlich wund

Schöner Schein und Heiligkeiten
Klüngeln sich durch alle Zeiten
Hat man hoch sich intrigiert
Dankt man Gott ganz ungeniert

Da, der Pfarrer fährt trotz Klagen
Hunderttausend-Euro-Wagen
Predigt Wasser, hurt, trinkt Wein
Ja, so schön kann Glaube sein

Manche Lehrer brüsten sich
Ihres Wissens sicherlich
Doch in Wahrheit sowieso
Sind sie dumm wie Bohnenstroh

Dummheit wird hier großgeschrieben
Schlauheit ist zurückgeblieben
Jenes Land versinkt im Dreck
Irgendwann ist alles weg

Aus manch´ kriegerischen Landen
Kriechen hasserfüllte Banden
Terror schleicht ganz unerkannt
Wunderland
Längst abgebrannt

Ich will flüchten
Ich will fliehen
Ganz weit in die Ferne ziehen
Wo die Hoffnung tot und leer
Ist auch keine Heimat mehr

Erkenntnis:

Gauner, Gangster, manch` Kartell
Kommen vorwärts ziemlich schnell
Ist man anständig und nett
Bleibt man hier im Land der Depp

Jenes Land ist längst am Ende
Nur der Mob klatscht in die Hände
Recht und Ordnung schweigen still
Jeder macht hier was er will

Märchenland ist nicht zu retten
Es geht unter
Wolln wir wetten
Es verschwinden Mensch und Maus
Märchenland – vorbei und
Aus

Schmunzeln liegt mir im Gesicht
Märchenland
Das gibt's ja nicht

das kind

Ich seh das Kind im Film
Im Film
Es lächelt noch, kommt auf mich zu
Was soll ich denken
Soll ich fühln
Wo ist die Mutter da im Film
Das Kind trägt große, alte Schuh

Das Kind ist echt
Der Film ist's auch
Zeigt ein KZ
Zeigt Kinder dort
Die Kleinen haben nichts im Bauch
Sind hungrig, ängstlich, kränklich auch
An jenem fürchterlichen Ort

Ein Leichenberg im Hintergrund
Ein Krematorium, der Tod
Im Vordergrund der Kindermund
Dort im KZ
Im Teufelsschlund
Wo ist die Mutter in der Not

Millionen starben in dem Krieg
So viele Kinder
Mütter, Gott
Durch meine Seel nur Trauer zieht
Von diesem Kind wohl nichts mehr blieb
Auch Tränen wischen das nicht fort

Ich seh das Kind im Film
Im Film
Es lächelt noch
Wohl ist´s längst tot
Gestorben scheint das *Denken, Fühln*
Es ist ein kurzer trister Film
Und Frieden ist´s
Und Abendrot

sie und er

Sie ist so schön – so rund, oval
Sie sieht gut aus
Das scheint egal
Er schreitet stolz um sie herum
Er ist nicht schlau
Er ist nicht dumm

Er strahlt, wenn er sie sieht und fühlt
Die Stimmung ist recht aufgewühlt
Er lacht mal laut
Und manchmal leis
Er weiß genau, was er stets weiß

Ganz vorsichtig berührt er sie
Sie ist noch kühl
Wohl irgendwie
Doch wenn sie später tut den Dienst
Dann ist's so heiß
Ein Hirngespinst

Er liebt sie sehr
Er braucht sie wohl
Sein Sinn erscheint so kalt
So hohl
Voll Liebe küsst er sie sodann
Und starrt sie wahnhaft grinsend an

Schon bald kann er sie nicht mehr sehn
Dann wird im Einsatz sie sich drehn
Dann wird zum Feuerball sie schon
Die heiße Bombe
Aus Atom

tagtäglich

Tagtäglich ist sie unterwegs
Sie ist noch jung, scheint doch so alt
Mit scharfem Auge wacht sie stets
Auf schmalem Pfad
Nach vorne geht's
Am Felsen und tief drin im Wald

Die Grenze zieht sich ewig hin
Da, Nordkorea, gar nicht weit
Warum die Grenze
Welcher Sinn
Sie schaut nach drüben traurig hin
Und es vergeht die Zeit
Die Zeit

Sie muntert die Soldaten auf
Die warten schon an ihrem Platz
Mit ihrem Pickup fährt sie rauf
Auf manchen Felsen
Obendrauf
Dies weite Land
Was für ein Schatz

Und manchmal weint sie einfach so
Die Grenze ist so mörderisch
In Süd und Nord ist man nicht froh
Konflikte gibt es einfach so
Nur Schweigen, Tränen
Lediglich

Ich seh sie lachen irgendwann
Als sie vom fernen Frieden spricht
Mit ihrem Pickup fährt sie dann
Den nächsten Stützpunkt leise an
Und ihre Hoffnung nie erlischt

Ich schau nach Norden
Greifbar nah
Versteh nicht deren Wut und Hass
Es sind doch Brüder
Schwestern gar
Sie sind doch eins
Das ist doch klar
Ein lauer Wind streicht übers Gras

Doch dann muss sie schon wieder fort
Ich wink ihr noch
Sie schaut zurück
Was für ein rätselhafter Ort
Die starke Frau mit starkem Wort
Und sie fährt runter
Dann hinauf

gegensätze

Am Straßenend' der dunklen Stadt
Da lebte sie, so ziemlich schlecht
Da, wo kein Name Namen hat
War sie in Not
In jener Stadt
Sie schaffte an – mehr schlecht als recht

Das Geld zu knapp, die Sorgen groß
Manch' Wünsche lange nicht mehr da
So viele küssten ihren Schoß
Oft dachte sie: „*Was mach ich bloß*"
Und es geschah, was da geschah

Am *andern* Ende jener Stadt
In einem Festsaal riesig, schön
Saß die Ministerin am Tisch
Es gab viel Schampus, Creme und Fisch
Wild wollt sie sich im Tanze drehn

Weit alle Sorgen, weit die Not
Sie hatte Geld und Macht und Freud
Nie war da Angst ums *Täglich-Brot*
Und ihre Lippen glänzten rot
Ach, aller Ärger lag so weit

Doch plötzlich ward es schwindlig ihr
Sie stürzte, fiel und lag so da
Es war des Nachmittags, nach 4
Da ward es plötzlich übel ihr
Man brachte sie ins Krankenhaus

Auch jene Vorstadt-Lady fiel
Ihr ging's so schlecht wie selten mal
Ihr Freier floh, ganz ohne Stil
Er zahlte nicht
Es war nicht viel
Ihr ging's nicht gut – was für 'ne Qual

So lagen beide Frauen dann
Im Krankenhaus nur Wand an Wand
So dicht an dicht und nebenan
Warn sie sich ziemlich nah sodann
Die eine bald zur andern fand

In jener Nacht, der Mond stand hoch
Da schlichen heimlich sie sich raus
Ein Mondlicht übern Parke kroch
Die beiden Frauen
Kränklich noch
Sie trafen sich im Park am Haus

Zwei Blicke musterten den Ort
Zwei Welten in der Dunkelheit
Noch fiel kein Satz
Noch fiel kein Wort
Zwei Frauen zwischen *Hier* und *Dort*
Und alles Schicksal schien so weit

Sympathisch fanden sie sich bald
Sie sprachen über dies und das
Zwar war die Dunkelheit recht kalt
Doch fühlten sie sich jung, nicht alt
Hier draußen zwischen Nacht und Spaß

Wenn auch die Unterschiede stark
Warn sie da draußen ziemlich gleich
Sie fühlten sich so leicht und stark
In jenem kleinen Schicksals-Park
Dort zählte weder Arm
Noch Reich

Todmüde schlichen sie zurück
In ihre Zimmer, ihre Welt
Für kurze Zeit ein wenig Glück
Vom Leben auch ein kleines Stück
Ein wenig Menschsein, das noch zählt

Nach einem Jahr
Zur gleichen Stund
Sahn sich die Frauen irgendwo
Sie schienen leicht und auch gesund
Geändert war längst Job, Mann, Hund
Fürs neue Leben
Einfach so

Gemeinsam wanderten sie aus
Ins ferne Land
Wo´s warm und blau
Vorbei manch´ Armut,
Saus und Braus
Sie bauten sich ein Ranger-Haus
Die eine und die andere Frau

spiegelbild

„Nein, nein", sagst du, *„ich bin nicht gut"*
In jener trüben Winternacht
Ich schau dich an
Du hast doch Mut
Warum denkst du, du seist nicht gut
Du hast doch gar nichts falschgemacht

Du schweigst und schaust mich traurig an
Ich fühl auch Tränen auf dem Kinn
Was für ein netter, stolzer Mann
Ich schau dich immer wieder an
Ich weiß, dein Leben hat doch Sinn

Du frierst in jener Hütt´ im Wald
Ich denk an all die Zeit zurück
Als man noch jung und gar nicht alt
So mancher Tag ward ziemlich kalt
Wie heute Nacht
Ist da auch Glück

Ich lächle und ich schau hinaus
Nein, nein, ich geb bestimmt nicht auf
In diesem winzgen Försterhaus
Sieht alles so viel anders aus
Ein Leben birgt manch´ Dauerlauf

Ich weiß genau:
Ja, ich bin gut
Verändern werd ich mich vielleicht
Ich lebe und ich habe Mut
In mir pulsiert noch immer Blut
Wenn auch die Zeit vorüber schleicht

Du schaust mich an und nickst mir zu
Mein Spiegelbild
Ich brauch dich sehr
So zwinkre ich dir nochmal zu
Und träum nochmal, denn hier ist Ruh
Und breche auf
Mal leicht, mal schwer

frühlingsahnung

Frühling zieht mal wieder
Durch die Seelen
Durch das Land
Singt die alten Lieder
Tanzt am Meeresstrand

Raus willst du
Ins Leben
Sehen Wald und Feld
Fahrrad-Runden drehen
Spürn, was wirklich zählt

Endlich fort der Winter
Blumen überall
Froh nun Eltern, Kinder
Warm der Sonnenball

Heller ist's auf Erden
Frühling auf der Welt
Lässt manch Wünsche werden
Dass der Frieden hält

fragen
(Ein rein persönlicher Gedanke)

Woran glaubt manch´ Pfarrer wohl
An das Geld, das er bekommt
An Karriere, die sich lohnt
An Geschwätz, mal schlau, mal hohl
Woran glaubt manch´ Pfarrer wohl

Woran denkt manch´ Pfarrer wohl
An die Kinder, möglichst viel
An den Krieg, das böse Spiel
An sein Auto, das ganz toll
Woran denkt manch´ Pfarrer wohl

Wofür steht manch´ Pfarrer so
An die Politik, die schlecht
Macht er es sich selbst nur recht
Macht ihn alter Muff gar froh
Wofür steht manch´ Pfarrer so

Und wem hilft manch´ Pfarrer wohl
Einem Armen, der nichts hat
Einem Leben, das nicht glatt
Manch´ Familien, wo nur Groll
Ja, wem hilft manch´ Pfarrer wohl

Hat ein Pfarrer manchen Wunsch
Endlich reich sein wie ein King
Leben ohne Ziel und Sinn
Mal ´nen richtig steifen Punsch
Hat ein Pfarrer solchen Wunsch

Pfarrer und ihr Kirchenort
Sind recht eindrucksvoll und gut
Und des Pfarrers Wort macht Mut
Doch ich denk auch immerfort
Ja, er glaubt
An sich
Nicht Gott

asche und rauch

Das Land verirrt in Lügen sich
Versprochen wird viel
So viel
Die Wolken jagen fürchterlich
Dieses Land blutet widerlich
Alles bald ein wüstes Feuerspiel

Dies Land verfängt in Netzen sich
Die Wege sind starr
So starr
Alles wird gut wohl angeblich
Sagen die da oben
Widerlich
Der Rauch finstert
Was einmal klar

Das Land stöhnt so mörderisch
Alles ätzt dahin
Dahin
Nirgends bleibt auch nur ein Licht
Doch ich find es sicherlich
Vielleicht auch einen neuen
Lebenssinn

Dies Land bricht im Feuer sich
Asche bleibt übrig noch
Immer noch
Ein Spalt Hoffnung, hoffentlich
In dunkler Nacht, wie wunderlich
Asche und Rauch verfliegen bald
Doch

mondwind

Um mich weht ein leiser Wind
Er ist schwach
Ich spür ihn kaum
Dort, wo Sagen, Märchen sind
Weht ein lauer schwacher Wind
Doch hier ist kein Blatt, kein Baum

Leicht verfängt sich Staub auf mir
Ich schau hin
Und lass es zu
War gerad ein Lüftchen hier
Ist's nun still, liegt Staub auf mir
Und verharrt in *ewger* Ruh

Da schließ ich die Augen sacht
Denk an nichts
Und warte nur
Staub hat mir ein Wind gebracht
Es ist Tag
Doch es ist Nacht
Und es fehlt mir jede Uhr

Wie ein Geist schweb ich dahin
Hier ist alles leicht
So leicht
Nach der Erde sinnt mein Sinn
Und ich drifte leis dahin
Und mein Atem atmet seicht

Tief in mir ich Leben spür
Es ist kraftvoll
Reich an Lust
Und der Staub, der lag auf mir
Fliegt davon
Ist nicht mehr hier
Und mein Herz *pulst* meine Brust

Langsam sinkt mein Leib hinab
Dorthin, wo die Träume sind
Dorthin, wo ich Hoffnung hab
Und mein Trugbild klart apart:
Auf dem Mond ist niemals Wind

die herde

Und die Herde, die zieht weiter
Starker Sturm verweht die Spur
Dieser Winter ist nicht heiter
Und die Herde zieht schon weiter
Schreie über Wald und Flur

Manches Kälbchen friert, ist müde
Bleibt vielleicht schon bald zurück
Es ist kalt und es ist trübe
Doch die Herde wird nicht müde
Kämpft voran sich Stück um Stück

Wölfe harren da am Rande
Haben Hunger immerfort
Doch der Herde wird's nicht bange
Sieht die Wölfe da am Rande
Und zieht immer weiter fort

Aller Sturm wird immer stärker
Schon bleibt manches Kalb zurück
Auch die Wölfe machen Ärger
Und der Schneesturm wird noch stärker
Bis zum See ist's noch ein Stück

Wölfe wollen nicht mehr jagen
Nehmen schwache Kälbchen sich
Es ist hart in diesen Tagen
Sehr viel Kraft fehlt da zum Jagen
Winterzeit ist fürchterlich

Doch die Herde zieht schon weiter
Nichts hält sie an einem Ort
Ausgemergelt ihre Leiber
Und die Tiere ziehen weiter
Und sind längst schon wieder fort

Durch den Sturm und durch die Lande
Führt ihr Weg von See zu See
Mancher Wolf wacht da am Rande
Tod, Verderben auch im Sande
Und manch´ Spur verwischt im Schnee